JN410591

화산문고 시집시리즈

사 랑 살 이

정 용 갑

허울 너울 허울 너울
사랑하는 그대
사랑 이야기 들어주오.

화 산 문 화

[머리말]

회색빛 도시를 벗어나 바람 든 강이 있는 곳을 찾으면 가슴이 뻥 뚫리는 시원함을 느낀다.
그곳에서 게미향 나는 음식 한 접시 시켜놓고 술 한 잔 칠 때면 글 쓰는 재미만큼 인생의 솔솔한 재미를 느끼곤 한다.
금심수구를 표현할 정도의 재주는 없지만 그래도 원고 앞에 앉아 있을 때가 행복한 내 얼굴을 만나는 듯하고 낙도에 찾아들어 촌로들과 이야기를 나누노라면 세상 재미가 모두 그곳에 모여 있는 야사를 알게 되고 그들과 갯바람 타고 바다에 나가 바위에 덕지덕지 붙어있는 굴, 홍합들을 따서 찬 바람에 곱아진 손을 불어가며 까서 먹노라면 입 안 가득 바다내음이 하루를 즐겁게 한다.
바쁘게 살아가는 도시 생활이지만 잠시 잠시 짬을 내어 써왔던 글들을 또 이렇게 세상에 낸다.
좋은 글이라기보다는 함께 살아가는 세상살이를 내 눈높이에서 바라본 것들을 습작해 보았기에 즐거운 마음으로 받아주기를 바란다.
제 1장의 여정편에서 『아빠야!』 글을 쓰면서 집 베란다에서 밤새워서 울었던 기억.. 세월호와 함께 물로 잠겨가면서 우리 어린 아이들은 얼마나 무서웠을까!
엄마, 아빠가 얼마나 보고 싶었을까!
그 아이들을 생각하면 지금도 눈물이 납니다..

2015년 1월 10일
정 용 갑

- 차례 -

제 1장 여정

제 2장 동강, 별을 세다

제 3장 가을 그리기

제 4장 님에게

제 1장

여 정

남도 친구

친구!
자네가 보고 싶어
무작정
아침을 나섰는데
벌써 해가 떨어지고 있네.

친구!
자네 계신 곳이 그리도 먼가?
그냥
저녁 술상이나
조촐히 차려놓게....

梅雨

비가 온다.
아직 가지 못한 겨울이 있는데 봄비가 온다.
올 겨울은 우울한 이야기가 많았는데....
그 이야기를 덥기라도 하듯이
매화꽃을 부르는 梅雨가 내리나 보다.
열린 창가로 바람을 따라와 가슴을 적시는
영어의 친구 목소리가 담긴
소설한 빗소리가 하염없이 들린다.
만남이 있으면 헤어짐이 있다지만
헤어짐이 아픈 건 못다 준 것이 남아 있음이겠지....
이 비 오는 길에 다 뿌려 주어
시린 가슴을 비우고 푼데
강가에 핀 절개지도 애절히 고개만 떨군다.

살아온 이야기 구절구절한 마디마디에 담긴
세월의 무게가
빗길에 차곡한 봄이 오는 길목에 떨어진다.
아직 가지 못한 겨울이 있는
봄비 오는 날에.

사랑살이

허울너울 허울너울
사랑하는 그대
사랑 이야기 들어주오.

곱디 고은 사랑살이
노란 민들레 꽃잎에
어여쁘게 새겨놓아
구곡의 마지막 봇짐 쌀 때까지
한 세월 묻어 놓고
사랑살이 잠시 소원할 제
여미살 꺼내
해후해 봄 짓 할까...

허울너울 허울너울
그대와 사랑살이.

꿈꾸는 천사

오늘은 무엇을 할까
오늘도 꿈꾸는 천사여!
바람이 왔다간 자리에
내 사랑을 남기고 갔을까!
오늘도 꿈꾸는 천사여!

그리움마다에 흔적이 남은
그림자를 기다리는
나의 사랑.
꿈꾸는 천사여!

강바람 불면

강바람 불면
강 건너 친구가
강다리를 건너올까 기다려진다.

서편으로 지던 석양은
행주대교 아치에 걸려 가쁜 숨을 몰아내고
강 하류엔 붉은 노을이 물들어 있다.

언제, 한달음에 달려와
화채꽃 한 사발 안주를 펼쳐놓고
한 잔 속에 함박웃음을 담아 술을 친다.

낮이면 낮대로
밤이면 밤대로
우리 이렇게 엉켜 살아가면 되는 것을....

강바람 불면
강 건너 친구가 올까
오늘도 개화산 올라 강다리를 내려다본다.

아빠야!

사랑하는 내 자식아!
어디 가서 너의 이름을 부를까.
이렇게 속절없이 떠나려거든
이 아빠의 자식으로 만나지나 말 것을...
너의 청춘을
내가 살아주지 못해서 목이 메이고
나는 어찌 남은 인생을
어떻게 살아가라고
홀로 떠나려 하느냐!

뜨거운 눈물 흐르며
목 놓아 불러도 대답없는
저 차가운 바다로 내리는
저 빗물을 맞고 있을
너는 얼마나 추울까나.
사랑하는 내 자식아!

왜 대답을 안 하느냐.
너는 지금 어디에 있길래...
내 자식아!

네가 사랑했던 하늘의 별을
이제
저 바다로 비추면
나는 네가 그리워
하늘 녘이 아닌 저 바다를
하염없이 바라보며 오늘처럼 너를 부르겠지.
너의 별
어느 별이라고 이 아빠에게 알려 줄 수 있겠니?
그래야 밤마다 너에게 와서
이 무서움을 지켜 줄 수 있을텐데....

사랑하는 내 자식아!
우리 다시 만날 수 있을까!
어떻게 하면 다시 만날 수 있을까....
너에게 아무것도 해줄 수 없는
이 무책임함 중에도 너를 죽도록 보고 싶은
이 아빠를 한번만이라도 불러다오.
"아빠!" 라고...

그래, 아빠야!
그래....아빠라고....

백무동 바람소리

찾아드는 인걸없는
텅 빈 여각에
겨울이란 계절을 살아가는 사람들.

그
계절에 묻어 있는
바람,
산,
계곡,
물소리...

침묵하고 있는 모든 것을 흔드는
바람소리....

백무동 바람소리.

저녁 기차

겨울비 내리는 길을 따라
친구가 보고 싶어
저녁 기차를 탄다.

차창에 뿌려 놓은 빗방울은
철길 뒤로 내달리고
나의 마음은
기다리는 친구에게로 내달리고 있다.

짤각대는 시계소리는
오늘따라 참 더디기만 하고
비안개 낀 양평벌은
길게만 느껴진다.

오늘은 친구와
어느 기슭에서 술 한잔칠까...

처마에 떨어지는 빗소리 들으며
밤새워 떠들어도
겨울비는 들어주겠지.

도시의 불빛

어둠이 내리는 도시는 홍등으로 물들고
회색빛 건물에서 토해내는 사람들은
오색 불빛을 찾아 또 모여든다.

낮보다 더 밝은 대로변 뒤편 좁은 골목마다에
넘치는 사람들의 땀 냄새가
불빛에 융화되어 향수를 발산하는 도시의 밤공기.

수은등 아래에선
행선지를 찾지 못한 몇 명의 걸인들이
주작을 논하며 시간을 붙들고 있다.

선술집의 잔 부딪히는 소리
웃음이 담겨 술잔이 넘친다.
솔솔한 가을밤 정겨움이 쪽문 넘어 길 위로 쏟아진다.

회색빛 도시를 물들이며
즐길 줄 아는 밤이 있어
나그네의 저녁 길은 외롭지 않아도 되네.

살아가기에
내일은 더 즐거운 세상이 있다는 것을 알기에
도시의 불빛이 반가운 이유라네....

가을 여행

가을이 가기 전에
가을을 찾아 떠났습니다.
이 가을을
내년에는 갈 수 없기 때문입니다.

강을 끼고 달리는 밀양 원동역에
잠시 머물러 쉬어가는 완행열차....
짙은 가을을 담고 있는
강줄기에 남은 가을이 떨어집니다.

강 둑 건너
들판에 핀 가을 녘 갈대 사이에
주인 잃은 쪽배가 매달려 있어
기차의 기적소리에 깜짝 놀라 눈을 뜹니다.

산으로 난 길가에
들 까치들 모여 앉아
가을이 남긴 곡식 몇 개
나누어 먹으며 정겹게 이야기하고 있다.

아침에 나서 가을을 만나러 가는데
벌써 하루해가 떨어지고 있네.
그리도 먼 길인가
아직 남은 가을을 만나러 가는 길이....

그렇게 또 가을 여행의 하루가 지나갑니다.

김포 들판

오늘 아침 김포 들판에 안개가 자욱이 내려 앉았습니다.
창문 여니 겨울 내음 한 닢 싱그러움이
코끝을 스쳐 지나가는 계절의 자족들.
강 건너 신도시를 밝히는 한강변 가로등이
지나가는 자동차 불빛에 꺼졌다 켜졌다
안개 속에 살아서 꿈틀거립니다.

겨울인가 했는데,
바람에 흩날이는 안개를 따라
벌써 봄이 오고 있나 봅니다.
아직도 설익은 겨울을 두고
계절의 향기는 또 다른 시간으로 우리를 불러내고
우리는 그 시간 속으로 공감되어 가야하는
세월의 유속들이 다시 아침을 깨우고 있습니다.

안개 내려앉은 들판을 따라 강뚝 길 너머에
갈잎만 앙상한 촛대들이 있던데
이 새벽에도 그들은 그 자리에서
세월을 부르는 노래를 하고 있겠지요....

육신만을 초라하게 남기는 겨울보다는
자태를 뽐낼 수 있는 아름다운 색을 입는
계절을 그리워하며 기다리고 있지 않을까....

문틈 새로 들어오는 안개 바람.
또 그 바람소리.
펼쳐진 책장 안으로 촉촉이 적셔듭니다.
아침을 깨우는 안개는 봄을 찾아온 것일까.
우리,
아직 기다릴 준비가 되지 않은 계절을 찾아 온 것이면
슬픈데...

야상(夜想)

서녘 너름에 걸린 그믐달
밤하늘에 홀로 떠 있는 외로움이
그림자를 만들어 어슴플한 이 밤
달 빛 따라 떠나지 못하게
나그네의 발길을 잡는다.

손 내밀면 잡힐 듯한
새벽 물안개 강변에 내려앉을 때
아련히 떠오르는 얼굴 있어
눈 가에 자조내린 이슬 한 방울 걷어내 확인해 본다.
친구 얼굴인가....

이 밤 지나
술 한잔 치자고 발길을 잡으시나.

먼 길 떠나기 전에
그대와 밤새 이바구 할 보따리가
아직도 많이 남아있음에

풀어도 이 새벽은 너무 짧을텐데
어찌 모두 마음에 담을까나....
아주
긴긴 이야기들을 말일세.

하늘에 남은 사랑

하늘에는 사랑을 내리고
내 마음에는 당신을 내립니다.

이런 날이면
당신이 몹시도 보고파
남한산성 주변을 걸어봅니다.
어디에 있을까...
눈시울 적셔오는 봄날에
옛사랑을 내립니다.

사랑을 내리고
당신이 그리운 오늘 같은 날은
京春線 기차를 타곤 했었습니다.

당신 모습이 뚝뚝 남아있는
곳곳을 찾아
허기진 사랑을 채우려...

하늘에는 사랑이 남아 있으련만
내 마음은 당신으로 채워봅니다.

당신이 그립고
사랑에 목이 말라
하늘만 바라봅니다.

당신의 사랑이 떨어지기를
기다려 보렵니다.

샛별

어두운 밤하늘에
가득히 빛나는
한송이 별
귀엽고 작은
꿈과
원대한 포부가 서린
달님의 친구
영원히 빛나리라
우리의 별.

신의도

갈매기 한 마리
겨울바다에 떠 있어
무엇을 갈구하는가!

오밀조밀 모여 있는
섬들에 정착하지 못하고
시린 겨울바다를 배회하고 있구나.

남도 바다위에 걸린
초승달의 쓸쓸함이
겨울밤을 더욱 외롭게 한다.

울산 바위

마른닢 지기 전에
가을을 만나러 갔네.
정겨운 식구들이 있어
가슴들마다 즐거움을 안고
가을 여행을 즐겼다네.

처음이었지만
언제나 서로를 느낄 수 있던 것은
우리는
가족이기 때문일 것이라네.

홍합탕

회색빛 도시에 눈이 내리네....

그 옛날 종로 극장가 뒷골목
홍합탕 국물이 생각나네.
연탄불 위에서 하얀 김 모락모락 피워 내
지나가는 민초들 걸음을 멈추게 했던
그 국물에 소주 한 잔.

크아!
하며 뱉아 내는 행복한 짧은 감탄사.
그 홍합 국물이 그리울 술친구들을 불렀는데....
아무도 동참하지 않는 쓸쓸한 겨울밤이네.

늦은 버스를 타고 단성사 피맛골 골목어귀.
머리가 닿는 처마가 달린 어느 집 들어
늦은 술 한 잔을 친다.

불러주는 이 없으니
한파가 더욱 가슴을 파고드네....

바다가 있는 풍경

너울너울 넘실대는 파도는
회색빛 도시만을 그린 도화지에
파란 물감을 풀어 놓고
하늘만큼 푸르른 망망대해 위로
돛단배 하나가 갈매기와 어울러 춤을 추는
동해의 푸른 바다를 색칠하고 있다.

옹기종기 다정스레 모인 솔숲에선
물총새 몇 마리 모여
바다의 교향시를 읊조리고
모래사장을 질러온 바람은
솔잎들과 지난 이야기를 나누며
자갈자갈 자잘댄다.

또, 바다로 밤이 내리면
바다엔 하얀 섬광의 춤의 향연이 펼쳐지고
금모래 밭에는 언젠가 모르게 모인
객인들의 즐거운 노랫소리가 모여
바다로 흘러가는 풍성한 행복이
밤바다로 떨어지고 있다.

멀리 밤을 지키는 등대 불빛이 깜박거릴 때
외로이 밤길 떠나는 갈매기의 날개짓을
더욱 고독하게 만든다.
밤길에 울려 퍼지는 갈매기 울음소리....

아직은 끝나지 않은 솔닢들과 바람의 이야기가
이 밤을 살아가고 있네....

찬연히 떠오르는 동해의 일출이
뻥 뚫린 바다에서 힘차게 차고 올라
잿빛 그림 속에만 살아있던
도시를 저만치 밀어내게 한다.
달을 따러 누이를 따라 나섰던
내 유년의 초상이 저 햇님에게도 비추어 있는 건
아직은 세상살이가 즐거운걸까!

노송들 사이사이로 일출이 내려앉아
밤새 자잘대던 솔닢과 바람의 친구가 되어
가던 길을 잠시 멈추어 아침 향기를 바른다.

바다가 있는 풍경 속에는
파도가 부르는 이야기가 있다.

제 2장

동강, 별을 세다

별이 쏟아지네

사람을 행복하게 한다는 곳이 있어 찾아갔습니다.
그곳에 갔더니
행복이 있었습니다.
그리고 사람이 있었습니다.

그 사람들이 행복을 만들어 주고 있었습니다.
아득한 골짜기에서
사람들에게 행복이란 보따리를
쌓아주고 있었습니다.

그 사람들에겐 그것이 행복이라고 합니다.
그런,
그런 행복을 받는 사람들은
행복하지 않을 수 없겠지요....

행복을 만들어 주는 사람들이 있는 곳은
바로 여기
밤,
하늘,
별이 쏟아지는 영월 동강이랍니다.

산새 드는 이 길에 머물고 싶네

계곡을 따라 흐르는 물소리가 고와서
방태산 산등 넘던 바람이 잠시 쉬어 가네.
수양버들 가지에 앉아 가야 할 길 잃어버리고
물소리 고운 이 길에 머물러 있네.

산봉우리마다에 걸린 새벽이슬 안개가
아침 햇살을 따라 계곡으로 내려와 안길 때
새 옷으로 갈아입은 정갈한 물안개 되어
아침 고요한 이 길에 머물러 있네.

방동골 찾아드는 계절의 향기.
시시변변 갈아입는 고깔한 산들계곡.
누가 가자고 채근해서 여기 온 것도 아닌데....
산새 드는 이 길에 머물고 싶네.

친구

친구!
어제는 오랜만이라고
밤새워 이바구를 했네.
오늘은 어제가 너무 짧다고
밤새워 이바구를 했네.
내일은 또 헤어져야 하는 아쉬움에
밤새워 이바구를 하세.

친구!
자네가 반가워 손을 잡는데
자네는 내 신발을 가슴에 안고 있네.
자네 반가워 단발에 신발을 벗고 왔네...

친구는 늘 가슴속에 살아 있다고 하네.
나와 자네 그래서 친구라 하네.
가슴속에 묻어 두고 살아가는
고향같은 존재가 우리인 듯싶네.
종달새 우지대는 아침이 올 때까지
우리 술 잔 기울여 보세.

친구!
부르지 않아도 될 이름이라네....

소녀

지금도 그곳에 가면
내 청춘의 빗소리가 남아 있을까.
제기동 허름한 국수집 처마.
그 소녀가 기다리고 있을 듯한
그 빗소리...
그 빗소리가
아직 가슴에 남아 있는데
소녀도 어디선가 이 빗소리를 듣고 있을까.

오늘밤 빗소리는 그 빗소리만 같다.
소녀 그리운 날처럼 말이다.
그래서 8월이란 계절을 좋아했었는데
애잔함만이 남는 계절이 될 줄도 모르고
바보처럼....
는개비를 좋아해서 손이 시렸던 소녀
이 밤 빗소리를 들으니 그리움만 쌓이네....

세월 저만치 처마에서 들었던 그 빗소리
내 청춘의 소녀가 빗소리가 되었네.
많은 시간 가슴 아림과
내 동공에 아련한 모습 그대로 남은 채
그곳에도 지금 빗소리가 떨어지고 있는지 알고 싶네.
는깨비 바람에 날려
가로등 불빛을 따라 춤을 추는 이 시간에....

우리집이 그리워서

갈길 잃은 청춘들은
어디로 가라고
그대 마음대로 문을 닫으시려고 하십니까...

야속하기 그지없는 것 아십니까?
우찌하라고...
우찌하라고...

한 잔 술로
속세에 닫힌 마음을 풀었던 자리에
이젠 누가 반겨준다고
떠나려 하시는 지요...

불 켜진 창을 보고
찾아 들었었고
불 켜진 창문을 보면서
선술집 찾아 헤매이었던 시간을
이젠 어디서 보상 받을 수 있나요...

가버린 시간은 늘 아쉽고
기다리는 시간은 즐거워야 하는데
그런
기다림을 누가 해 주시려고
냉정히 떠나십니까...

아쉽습니다!
불 켜진 2층이 그리울 것입니다.
무작정 찾아 들었던
무작정 반겨 주었던
다정한 목소리를 기억 할 것입니다.

가끔은
무작정 기억없이 2층에 올라갔다가
또,
허탈한 걸음으로 돌아 서 가겠지요...

수리산

몇일 전 내린 서설 위를 줄지어 걷네.

계곡 사이로
아가의 우윳빛처럼 앙증스럽게 숨어있는 약수터엔
산에 오르다 목축임을 하려는
등산객들의 발길을 멈추게 하지만
지난 밤 갈바람에 꽁꽁 언 샘터가
산길의 다리를 더욱 천근스럽게 한다.

고개를 들어 아득한 산모퉁이를 바라보면
조금만 더 가면 내려가는 길이라고
열 번은 속아 넘은 등선만 손가락에 꽉 차는데
산길에서 만난 한 잔의 막걸리가
이 시간을 고결하게 느끼게 하고....

해가 바뀌고 오랜만에 보는 친구들 얼굴.
맛 난 홍어의 알싸한 향기가
기대했던 주모의 미모 실망감을 재워주고

밤 깊도록 주고받던 술잔엔
우정이라는 세월이 한 겹 더 쌓여만 간다.

친구에게 물었네.
수리산에 수리부엉이는 어디 갔냐고
친구 그러네.
수리수리 마수리 주문을 외워야 나타난다고.
수리산에는 수리부엉이처럼 반가운 벗들이 있었네.

어머니

육신의 저만치
살아온 세월을 가슴에 묻으시고
희미한 동공으로 손주들 재롱에
틀니 빠지시도록 웃으시는
동아의 얼굴.

오십줄 바라보는 자식
집 들기 기다리셨다 하루 일과 물으시며
흐뭇한 얼굴로 자리에 누우시는
내 마음의 고향.
내 영혼의 샘골.

자식의 시림이
당신의 아픔이 되지 않으시려
늘 함께이심에
귀한 줄 모르는 불효함이
당신의 잠드신 시간에 느껴집니다.

아프지 마세요.
식사 잘 하세요.
시험일랑 갖지 마세요.
당신의 존재함이
나를 살아가게 하는 힘입니다.

가을비

지금 창밖엔 비가 내립니다.
거리의 은행닢은 아직 가을을 입지 않았는데
가을비가 촉촉이 내리고 있습니다.
세월의 긴 여행을 떠나기라도 하 듯이
바다로 가는 먼 기차소리가 들립니다.

비가 내리는 바다는 언제나 외롭답니다.
배들도 어부들도 모두 찾아오지 않기 때문이지요.
그래서
홀로 바다를 지키기 때문이랍니다.
그래서,
비가 오는 바다엔 슬픔도 함께 온답니다.

가을비!
가을에 내리는 비를 가을비라 하지요.
가을에 찾아와
가을에 내리는 쓸쓸한 존재이기에
우리의 가슴에도 쓸쓸함을 주는지 모르지요.

집 앞 포장마차 처마위로 떨어지는
빗소리가 그리워
창문 열고 내다보았는데
불 꺼진 자취가 나를 더욱 외롭게 하네요.
처마로 떨어지는 가을비를 만나고 싶은데....

잠들지 않은 이 밤
가을비를 만나고 싶은데.
가을에 찾아온 가을비를....
쓸쓸함을 내려주는 가을의 전령.
가을비를 만나고 싶은데....

고대도의 아침

물안개 내려앉은 아침 바다에
등대불만 아롱드리 뱃길을 안내하고 있다.
부둣가 선착장의 갈매기 울음소리.
밤새 물질 간 배들이 들어 왔다는 것을 알리는
바다의 아침 사령이다.

여기저기 널 부러진 술병과 회 접시들 위로
아침 안개 쌓여 희멀건 이슬 만들어
이제 영글라 하는 보리수 열매에
아침 바다의 상큼한 향기를 불어 넣어 준다.
고대도 아침의 고요한 바다 내음.

한 자락 돌면 그만큼 뿐인,
여기가 거기요 거기가 여기인
소박한 사람들이 엉켜 사는 작은 세상에
혼잡한 세월의 때 묻은 이방객들의 추임.
갈매기 울음소리....우리들의 추임소리.

바다냄새 가득 담긴 바닷가 작은 방에
친구들 아직 잠들어 있다.
바다도 담아가고 친구들 숨소리도 담아 가야 하는데....
내가 가진 가슴이 너무 작아서,
알집으로 압축해서 담아가는 방법은 없을까!

내가,
갈매기라면....
늘 여기 와서 느낄 수 있을 텐데.
늘 여기와서....
늘....

개판 술판

세월이 우리를 비켜가지 않으면
그 세월을 수긍하고 따라가라고 했었나....

반평생!
벌써 멀리도 왔네.

어제도 우리는 까까머리 고교생이 되어
여름 한 날 犬판을 벌렸다네.
먹는 것도 모잘라서
다들 犬이 되어 복날을 축복했었네....

집안에서는 다정다감한 가장이요
사회에서는 근엄한 소셜리티인데
동무들 얼굴만 보면
왜 까까머리 고교생으로 돌아가는가?

녹음 짙게 깔린 반월호수를 바라보며
주거니 받거니 동무가 따르는 술 한 잔속에

우리들의 고교시절이 채워지고
활짝 웃는 입속으로는 술잔까지 따라 넘어가네....

세월이 우리를 비켜가지 않으면
그 세월을 수긍하고 따라가라고 했었네!

꿈은

꿈은
꿈을 꾸는 사람만이 이룰 수 있습니다.

방화 마을에 개나리 꽃 피면
어디서 날아온 벌들이 모여
봄의 향연을 펼치며 생명의 잉태를 알리고
여기 저기 날아 꽃가루를 뿌려주어
겨울 얼었던 땅에서 새 잎이 돋아납니다.

세월이 가면,
몸은 나이만큼 커 가지만
마음의 샘은 지혜를 담아 줘야 커 가는 것입니다.
눈으로 본다고 모두가 배움이 되는 것이 아님을
우리는 알아야 하는데....

때 늦은 깨우침은 나의 시간을 낭비하게 하고
그 때를 지나면 후회하는 것.
세월은 나를 기다려 주지 않는 것이 세상입니다.

모든 진리는 때가 있음을
우리는 알고 살아가야 한다는 것을 망각하면 안 됩니다.

나의 미래!
그래서
나의 미래를 만나기 위해 가슴에 꿈을 담는 것 입니다.
꿈은
꿈을 꾸는 사람만이 이룰 수 있습니다.

가을의 문턱

창문에 들이치는 여름 한 날 산바람에
매미소리,
들풀향기가 고연하게 들어와
계절이 가는 아쉬움을 남기네.

책장에서 들려오는 귀뚜라미 울음소리
문갑 바닥에서 지저귀는 여울치 울음소리
문틈에서 아직 다 들어오지 못해
신음을 토하고 있는 갈개나무 향음이
여름이 가는 것을 아파하는지
돌아가야 할 처소를 찾지 못하고 있네.

한 계절이 가면
또 다른 계절이 옷을 갈아입고
우리를 위한 향연을 배 풀어 주면
우리는,
우리...라는 틀에서 서로를 부비고 얼개 묶어
앞으로도 함께 가야할
세월들을 새겨 놓아야 하겠지....

여름풀 무성하게 짙게 든
산바람이 산들하게 느껴질 때
창문 활짝 열고
언제 피었다가 지는지 모르는
길가 나부랭이 풀 한 웅큼 초대하여
가을 문턱에 심어 주시게.

동무

어둠 깔린 도시에서
마음 담아둔 벗이 보고 싶어도
살아가는 일상들이 시간을 붙들고 있네.

오늘은....
내일은....
지나가는 세월의 무게 앞에서
날자만 세이고 있는 현실의 아픔이
우리의 모습인가 보네.

그래도,
그리우니 보고 싶다!
나의 동무야!

그녀

늦은 저녁
어느 전철역이었지.

바바리코트를 두른
여인의 뒷모습에서
세월 저편으로 잊혀져간
그녀의 모습을 본다.

그곳에 남은 사랑이 있어

눈 시린 봄날의 햇살이 피워 낸
매화 향 한소쿰이
저고름에 담겨져 있어
이 계절은 행복하다고 느끼나 보다.

차창에 내려앉은 빗방울이
너울지며 춤을 추는
스멀한 밤 열차에 몸을 기대고
燈 한 촉 켜진 간이역을 지난다.

아직 잠들어 있을
나의 도시를 가려면 얼마나 될까....
세곡의 안온함을 뉘 울 수 있는 멍석에
육신을 편히 널 수 있을까....

그곳에 남겨둔 사랑이 있어
다 못 지운 흔적이 있어
내일이면 곧 돌아올 듯 한 그런 사랑이 남아 있어
내 청춘 비끼운 자리에 남은 사랑이 그리워
고단한 밤을 방황하고 있나보다.

천은사

세월
그 세월이 멈춰있다.
풍경소리만!
천은사에...

천년의 무음을 두고 아무런 소리없이
기다리는 누구를 그리면서
고요한 호수 품을 안고 질곡하고 있다.
빼꼭히 차인 시눗대의 맑은 바람소리에 섞인
한잔 차 향내음이 산자락을 돌아눕네...

청춘

내 청춘에
그리도 가지 않던 세월의 봇짐이
하루가 새털같이 가벼이 날아가는 슬픔을 안고
살아가고 있습니다.

주마등처럼 머릿속을 스쳐 지나갈 추억도 담을 새 없이
가버리는 속세의 시간에 안온하지도 못하면서
가버린 날들의 뒤에서
한숨만 내 뱉아 내는 초라한 인간이 되어 갑니다.

마음은 꽃피는 춘삼월의 뱃사공 같지만
아리한 가을 낙엽을 밟고 있는
중년의 바바리 코트같은 쓸쓸한
세월의 방랑자가 아닌가 합니다.

가는 세월 잡지 못하면
세월에 묻은 生을 살 줄 알아야 하는데
그것을 자꾸만 거부하려 하는 우를 범하고 있다는 것도
알면서

또
인정을 하지 않으려는 어리석음을
자꾸 저지르고 있습니다.

간만큼 또 오는 것이 세월이고 시간인 것을
우리는 지나간 시간만을 그리워합니다.

그 시간만을
그리워합니다.

제 3장

가을 그리기

바람비

방울방울 겨울비가 차창을 그립니다.
그리운 님 얼굴
눈이 그려지고
코가 그려지고
입술이 그려집니다.
그렇게 바람비에
님의 얼굴이 그려집니다.

우리 사랑

얼만큼의 사랑으로
그대를 감싸줄지 모르지만
내 가진 모두를 잃어 사랑한다면
내 사랑 그대이어라.

두려움으로 만남을 축복받아
가을을 만나는 우리.
어떤 가을의 만나보다
짙은 낙엽을 밟을 가을
추엽한 겨울 잎새여도
한 송이 눈떨기의
가열한 쓸쓸함을 위안할 수 있고
바람소리에 노래를 띄워 보낼 수 있는
그런 만남.

진부한 만남은 사랑이 아니라고 하면서도
서두르는 것에 두려움을 느끼는
우리 사랑.

이 밤 속 어딘가에서 타고 있을 사랑
우리 사랑.
타고 남은 조각이어도 버리지 않을 사랑
우리 사랑.
긴 사랑.

결코 아름답지 않더라도
우리가 추구하는 것은 모두
은근한 향기를 뱉아내야 하며
작은 이야기 속까지에도
달콤함이 담기기를 원하는 우리 사랑.

가을을 만지작이며
이별을 만들고 있는지도 모르는 우리 사랑.

밤소리에 쉽게 고독해지는 여인
홀로 우울함을 끌어안고
옷깃을 세워 비를 맞아들이는 여인.
사랑을 기다리면서
이별을 그리며 우는 여인 그대.

지리산 여인

가을이 내리는 지리산에서 반가운 친구를 만났는데
서로를 많이 알기위해 내 자신 조금 포기하면서
그에게 오늘밤만 지나면 갈수 있어
가슴 설레어 바쁘게 봇짐을 묶었는데...
친구는 내게 한마디 남기지도 않고 훌쩍 가버렸구나.

지리산이 좋아 지리산에서 마음 내리려고
멀리 가지 않으려 했는데...
허전한 마음을 남기고 가버린 친구가 보고 싶구나.
무슨 연유인지 알기라도 한다면
그에게 내 마음을 보여주어 그리운 친구를 볼 텐데...

아침이면 산허리 끼고 내려앉은 안개구름을 보며
그를 되 내이고
또 허전해 하며
하루를 시작할 내 육신의 고단함을 그는 알고 있을까...

비켜가는 바람에도 그의 향기가 난다.

그 없는 지리산에서
정주지 못하고 살아갈 것을 알고 떠난 빈자리를
시린 밤공기 내려와 차곡히 쌓이면
벽소샘 내려가 손을 담고 가슴을 정갈하겠지...

보고 싶다.
잠시 머물다간 바람이런정
그를 내 가슴에 담아
지리산에 뿌리내릴 이름없는 잡초라도 되어
그의 바람에 날리고 싶다.
아니,
바람 되어 함께 지리산에 머물고 싶다.

그가 그립고 바람이 되고 싶어
그의 이름을 조용히 불러본다.

벗을 기다리며

한강변 가로등이 하나 둘 켜지는 도시에 밤이 든다.
아직 다 가지 않은 햇살이 남아 있는데
일찍 고개 내민 달은
반쪽만 남은 채 달무리 걸고
구름 속으로 자꾸만 얼굴을 숨긴다.

집 앞 정자에 돗자리피고
갓 잡아온 해물 안주에 술잔 올려놓으니
빗방울 한 촉 정자 기둥을 때리고 지나간다.
자기도 잔치에 초대해 달란 말인가....
초대한 벗은 아직 오지 않았는데....

정자 아래 구절초 한 움큼 꺾어다가
머리맡에 꽂아 두니
여름 향기가 정자로 모두 들어오는 듯
향한 꽃내음, 풀내음이 나에 오감을 적셔준다.
벗의 향기에 비할 바는 아니지만....

반쪽만 남은 달무리는
아직도 구름 속에 숨어 있고
기다리는 벗은 아직 오지 않고....
벗 오는 길목마다에
달빛이라도 비춰주어야 나를 찾을 텐데.

비어 있는 술잔에
밤안개만 뚝뚝 떨어지고 있다.

봄비 오는 날

비가 온다.

아직 가지 못한 겨울이 있는데 봄비가 온다.

올 겨울은 우울한 이야기가 많았는데....

그 이야기를 덥기라도 하듯이

매화꽃을 부르는 梅雨가 내리나 보다.

열린 창가로 바람을 따라와 가슴을 적시는

영어의 친구 목소리가 담긴

소설한 빗소리가 하염없이 들린다.

만남이 있으면 헤어짐이 있다지만

헤어짐이 아픈 건 못다 준 것이 남아 있음이겠지....

이 비 오는 길에 다 뿌려 주어

시린 가슴을 비우고 푼데

강가에 핀 절개지도 애절히 고개만 떨군다.

살아온 이야기 구절구절한 마디마디에 담긴
세월의 무게가
빗길에 차곡한 봄이 오는 길목에 떨어진다.
아직 가지 못한 겨울이 있는
봄비 오는 날.

추억의 뒤안길

오십이라고 하네.
벌써....

이십에 떠났는데 또 삼십년이 갔다고 하네.
그 교정에
그 친구들이 다시 모인다고 하네.
반가운 벗들이
그리운 벗들이
중년이 되어 보고 싶어서 보자고 하네.

까까머리 덥수룩한 우리들 삼십년전 모습은
세월 저편에 묻혀 갔지만
그 교정에서,
아무도 연지곤지 찍지 말고
그때 처음처럼,
풋풋한 그대로 우리 만나세.

살아갈 날에 벗들이 없다면
곡식의 풍요로움이 무에 필요하겠는가!

있음과 없음의 무게는 깃털 한 장 차이인 것을
그리 소중하다고 하지 말세.
오십에는 백리길을 함께 떠날
친구가 필요할 뿐인 것을....

하오의 시간이 되면
커다란 플라타나스 나무가 운동장 길게
그늘을 만들어 주었던 풍경이
지금도 그대로
운동장에 그려지는지 보고 싶네.
그 그림 속에서 치고 달렸던
우리들의 고교시절 야구 모습도
너무도 그립기만 하네.

벗

나의 벗!
세상을 아름답게 살기 위해서
우리는 친구가 되었네.
그래서 우리는 누구보다 부자라네.

내가 있으면 자네도 있는 것이고
자네에게 있으면 내게도 있기에
우리는 누구보다 행복하다네.

벗!
우리 몸은 둘이지만 마음만은 하나가 되세.
서로의 가슴을 안아 줄 수 있기에
우리는 누구보다 따뜻하다네.

그렇게
살아가고픈 벗이기에
늘 마음속에 있는 것이라네.
가끔 보아도 어제 만난 듯해서
우리는 누구보다 그리움으로 살아가네.

신라의 달밤

천년고도에 반달이 걸려있네.
저 달은 신라시대에도
저 자리에서
세상을 내려 비추었을 것이네....

신라의 달밤.
철새 한 마리
호수위로 물을 치고 올라가는 뒤로
물 전병 만들어지는
아름다운 비상이네....

섬마을 가는 길

아주 오래 전
우리 어머니 손을 잡고
통통배 여객선을 타고 외갓집을 갔었네.
갈매기들 뱃머리를 따라
반갑게 내게 오면
우리 외갓집 데려가지 않겠다고
손을 저으며 멀리멀리 쫓아 버리고 했었지.

겨울날
함박눈 내리는 남도 섬마을로 배가 가네.

멀어져 가는 선착장에 정박해 있는 배들은
모두 닻을 내려놓고
높아지는 파도를 바라보며 숨을 고르고 있고
다도해에 오밀조밀 모여 있는 섬들은
시린 겨울 바다를 배회하고 있네.

붉은 등대
하얀 등대

파도에 이리저리 요동치는 부표 등대
뱃길을 지켜주는 파숫꾼에게
겨울 눈보라는 그들에게도 여지없이 내려 안고 있네.
가끔 갈매기 한 마리 와서 속삭이고 가네....

아주 오래 전
우리 어머니 손을 잡고
통통배 여객선 타고 외갓집을 갔었던 길로
함박눈 내리는 섬마을을 가네.
겨울바람 맞으며 쫓아오는 갈매기들 벗 삼아
남도의 작은 섬으로 떠나고 있네.

세상살이

세상살이 살아가는
시름없는 자 있으리오.
있어도 있는 척
없어도 없는 척
살아가는 것이라오.

살아가는 것이 시름이라면
시름을 안고 살아가는 것이
세상살이인 것을
있어도 있는 척
없어도 없는 척

그렇게 살아가는 것이
살아가는 것 이리이까....
있어도 있는 척
없어도 없는 척
세상살이 둥글게 살아가리다.

귀경

해무리 걸린 석양은
서산으로 지고
외로운 한 나그네만
밤길 위에 남아있네....

겨울 여행

아들 둘 앞세우고 바다를 갔네.
태어나서 처음으로 기차를 타 본다는
작은 놈의 흥분된 목소리가
차창 넘어 바다로 퍼져가네.
정말, 생각해 보니 우리는 기차를 안타는 듯하네.
아련히 먼 시절
어머니의 손을 잡고 외갓집을 갈 때나 탔었던
삶은 계란에 칠성사이다 한 병으로 행복해하던
추억 저편에....

시리도록 푸른 겨울바다가
동백섬 누리마루 바위에 부딪히는 파도소리 함께
까르륵 거리는 아이들의 웃음소리에 섞여
저 멀리 퍼져 갈수록 나의 유년의 초상은 어디로 가고
길게 그늘 진 겨울 햇살아래에서
담배 한 대를 머금고 있다.
아득하게 지난 세월의 무게로
아이들의 뒷모습만을 지켜보고 있는
중년의 풋대가 바다에 아로새겨 지네....

저녁노을 길게 드리 누운 곳으로
항구를 찾아 드는 뱃머리마다에
긴 장대에 걸린 형형색기가 바람에 나풀거리며
만선을 자랑이라도 하듯 서로의 모습을 뽐내며
긴 행렬로 줄지어 들어온다.
부두에 기다리는 한 무리 인파들보다 먼저
목청껏 소리 내어 환영하는 갈매기들의 군무.
이 시간,
우리도 그 속의 환영인파가 되어
여행을 즐겨보자 아들들아....

섬

어둠이 내려앉은 잿빛 등대에 바람이 찾아왔습니다.
파도의 웃음소리가 예뻐서 만나자고 했는데
그냥 파도 따라 가버렸다고.
그래서,
바다로 내려온 달무리 만나 별 세러 간다고...

지나가는 구름을 만났습니다.
함께 별 세러 가자고.
동무들이 모여 있는 섬에 가고 있다고,
구름이 함께 가자고.
구름은 바람을 싣고 달무리 미끄럼타고 바삐 가네.
섬에는 바다가 모두 모여 있다고...

섬은 늘 그 자리에 있네.
바람이 등대를 불러와도
구름이 바람을 타고 달무리에 머물러도
섬은 늘 그 자리에 있네.

동무들이 마음을 놓고 간 그 자리에...

그대의 느낌

희미한 가로등 아래
부끄러움에 고개 숙인 벚꽃들 속에서
그대의 고운 웃음을 발견했을 때
내 기쁨은 활짝 핀 벚꽃보다도
그대의 밝은 웃음에 마음을 사로잡히고 말았소.

형언할 수 없는 벅찬 감격이
내 심장을 고동치게 했고
안경 넘어 내 눈동자가 그대를 주시했을 때
내 삶의 즐거움과 보람이 그대로 인해
모든 것이 이루어질 것 같은 예감을 받았소.

내 그대의 만남을
사랑과 우정을 담아
하나님께 찬양하면서 영원한
내 그대 벗이 되고자
그대 내 벗이 되고자
생각하고 대화하는
서로 하나의 의미가 되는
어떤 존재가 되고 싶다오.

그때도 이맘때 가을

언제였던가
꿈을 꾸듯 우리들의 시간
몰아치는 비바람과 바위틈 사이
사랑의 진실과 기쁨
알 수 없는 희열과 짜릿한 전율
숨을 쉬는 우리들의 가슴 안 미래
밤에 生을 영유하는 모든 존재도
눈을 감아준
조그만 바위틈 사이 우리 둘
그러나 이젠 추억.

언제였던가
꿈을 꾸듯 우리들의 시간
몰아치는 비바람과 바위틈 사이
그때도 이맘때 가을
비바람이 나를 부른다.
그대 아닐까...
바위틈 사이 우리의 체온은 식어 있다.
나만이 홀로 앉아서...

사랑의 허울에 춤을 추었다.
가을은 내게 또 하나의 고독을 심는다.

언제였던가
꿈을 꾸듯 우리들의 시간
몰아치는 비바람과 바위틈 사이
그때도 이맘때 가을.

가슴을 주이면서

가슴을 주이면서
함부로 부르지 못하는
외침을 사랑하는 사람은
가까이 가지도 못하는 사람의
슬픈 웃음이라고 말할 수 있다.

흔들어 불러 세워
흔적을 지워야 하는 아픈 슬픔을
홀로 느껴야 하는 어련한 느낌을
아파하지 않는가.

사랑을
사랑하는 사람에게 전할 수 있는
감정을 지닌 사람은
이처럼
사랑을 전하려 한다.

잠들지 못하고
사랑을 채우지 못하는

도시인의 사랑을 채워
이 도시에서 만나고 싶다.
가까이에서.

그대를 위한
사랑을 잠재우지 못하고
기쁜 숨소리를 뱉아내는
숨소리를 사랑하기 바라지 않는가.
그대를 사랑하는
이 모든 가슴을
살아가기 바라노라.

숨소리를 그대에게 전하노라.

강 언덕 소녀들

정적이 흐르는 어둠의 공허함.
그 사이로
발그레 달아오른 달빛
작고도 소성한 물 흐름.
끝없이 울어대는
처량한 귀뚜라미 울음소리
물시를 발하던 강열한 햇살도
우리들의 정분한 귀로의 시간을 남기고
저 서산 너머로 갔습니다.

손바닥에 모두 모두어 둔
향취
정감
자연
그대들의 다정한 음성
이 모두를 유유한 물줄기는
아는지 모르는지
목적없는 세계로 흘러만 가고 있습니다.

아마도 그대들의 품 안...

갈대에 새긴 사랑

갈대꽃 호반 위 달이 떠 올 때면
풀벌레는 제 집 찾아 돌아가는데
무엇이 그리워 무엇을 못잊어
홀로 달 친구되어 별을 헤는가.

바람에 갈대가 시달릴 때면
우리는 서로를 의지했었고
바람에 흩날려도 쓰러지지 않는
갈대가 되라고 맹세했었던
그것이 사랑인가 위로였던가.

여인네의 치맛자락에 마음을 주고
간들한 미풍에도 손을 흔드는
갈대처럼 메르고 거짓된 사랑이었다면
이렇게 돌아서진 않았을 것을.

제 4장

님에게...

나에 사랑에게

보일듯이 비추었다가
희미한 어둠속으로
잠기어 버리는 사랑의 환영

잠시도 어둠속에서 헤어나지 않고
정상적인 시력만을 혼돈시키는 기쁨.

어둠이 벗기어져 가면
더욱 알아볼 수 없는 곳으로 숨어드는 存在

빛도 없는 햇살의 사랑.

그 어둠을 기다리면서도
또 하나
또 둘
흔적을 알려고 하는
어리석음을 저지르는 사랑.

우리 사랑인줄 알면서도...

날 저문 밤에

날 저물어
내리는 흰 눈을 맞으니
더욱 그대향이 그립습니다.

당신 떠날 날
자욱했던
매화꽃 내음조차도
눈발의 찬 이끼에 섞이어
오매불망 오간데 없는
이 한 겨울은
더욱 매섭기만 합니다.

밤이 오면

가끔은 가끔은
아름다운 여인에게 다가가고 싶지만
때로는 때로는
허전한 마을을 나눌 수 있는 여인이 있었으면 하지만
내겐 사랑을 그릴 수 있는 가슴이 없다.
어린 소녀의 사랑
저만치에서 바라보는
내 눈동자가 타오르고 있는데도
그것을 전할 수 있는 가슴을 열지 못하고만 있다.

때로는 때로는
아름다운 여인과 밤새도록 달콤한 사랑을 하고 싶다.
가끔은 가끔은
내가 부를 수 있는 여인과 함께 숨쉬고 싶다.
내가 부르는 여인이기에
내 가슴을 여는 여인이기에
가냘픈 소녀의 발소리가 끊임없이 들려오고
나는 그 기쁨에 사로잡히어
그녀에게 뜨거운 키스를 해줄 수 있을텐데.

님의 얼굴

묻어둔 시간을 꺼내어
냇가에 던지면
넓은 파장으로
님의 얼굴이 그려집니다.

초록 물새 한 마리 날아와
님의 얼굴 한 모금 마시고
곱디 고운 울음소리로
라일락 향기를 뱉아 놓습니다.

기다림 한맘.

조약돌만큼 많은
그리움,
외로움,
설레임 함께
기쁨, 축복 또 하나 사랑
남을 위해 열어 놓습니다.

보고 싶을때마다
묻어둔
시간을 꺼내어
냇가로 가렵니다.

세월 속 빈자리에 앉아
님의 얼굴을 뿌리렵니다.

영동대교

초승달이 누웠구나.
길 떠난 님 어두워
나를 찾지 못하실까봐
이내 길 밝혀주시려
작은 손을 내밀어
희미한 까끼빛을 주시는구나.

우리 님 너 없어
외롭다 길섬 지체하시거든
어디쯤 오신다고
전하여 주려마.

너의 작은 손을 내밀어
나를 안고 올라치면
우리 님 기다리다
타버린 이내 가슴을
진정이나 시키련만
너는 어찌 이내 맘을 몰라주나.

야속타 하지 말자
너 아니면 없으리만
강나루에 걸린
조각 난 초승달은
찢긴 이내 가슴을
담아줄 수 있으리라.

길 떠난 님 어두워
나를 찾지 못하시거든
어디쯤 오신다 전하여 주소서
십리밖인들 어떠리오.
버선발로 님 마중 나간다
누가 나를 채근하리오.

우리 님 강둑 넘을 때
어두워 길 못 찾소...

마음

지울 수 없는 얼굴을
날마다 그리고 있는 사람은
어느날의 경복궁을
그리워한다.

그늘없는 잔디밭에서
밀어들을 주워 모아
한 마리 학을 일구어 넣어
잊지 않으려
회념을 가꾸는 어둠속 등불이 되어도 좋으련만
희미한 회등만이
밤바람에 흔들린다.

또렷한 이미지였을 모습들이
바래여져 버린
공간의 섭리들이 무기력하게
엄습해 버린
기력난 부끄럼에 무엇을 잡고 사랑을 하나.

취하여 아름다움을 만들려 하는
가습된 모습도 우습구나.
거리는 다시
둘이 걷던 그 길이고
외로운 습기만이 가슴을 저민다.

한 날 아름다움도 아닌데
이대로의 모습들도 아니건만
밤하늘은 오늘도 어둡기만 하다.

밤에도 그대를

아쉬움을 숨기기 위해
언덕길을 걸어들며
우리의 시간을 아껴야 했는데
벌써 집 앞 노오란 수은등의 파리한 불빛이
야속하게 비치고 있다.

언제나 이별을 아쉬워하며
밤 불빛 아래서
손을 흔들어야 하는 존재들이어야 하는 것이
우리들의 아픔이런가...

집 옆 수풀 샛길을 질러
잠시 입맞춤으로 안녕을 고하고
그녀의 가녈한 손 떨림의 배웅을 받으며
둘이 걸어 들었던 보도를
홀로 걸어 나오던 발걸음은 왜 그리
우울하였던가.

이 밤,
그대에게서 멀지 않은 곳에
나 잠들어 있다.
손을 뻗으면 잡힐 듯이 바로 가까이에서
영혼이 육체와 함께
그대와 가까이에 머물기를 바라면서...

도시는 불빛속에 잠이 들고
길 건너 들릴듯한
그대의 숨소리가
우리의 存在를 알려주는 등불이런다.

부연

계절을 재촉하는 밤비의 흐느낌
지나간 흔적들이 비로등 아래에서
아직도 숨을 쉰다.
채 느끼지도 못했던 정념들이 살아나
남은 것들을 지배한 채 가야할 길을 멈춘
흐른 세월과 잊혀진 사랑.

영유하던 공간의 빠른 순간들이 일순 넘어서
되돌아와 서 있는 이 자리
빈자리에 쌓인 먼지들.
피부의 한 조각도 붙여 볼수도 없는
지워져 버린 무념을 들인 몇뙤기 공간.

밤이 될수록 커져만 가는
풀섭의 녹음짙은 자태와 흩뿌리는 빗길들의 만남
늘 그리는 한 쪽 그림조차도 지워낸다.

바랜 잎새들도 다시 체인 밤의 빛깔들
남은 빛깔을 음미하며 이 계절의
아쉬움을 그려 보련다.

추도

무아경속 한 줄 봄비 온다면
나 그대 찾으리...
흐르는 봄비는 그대 목소리
가냘픈 음성 찾아
깊어가는 밤을 방황한다.
피어나지 못할 꽃
차라리
가꾸지나 말 것을...

바람결에 실려 온 人生
구름따라 정처하다
빗물 속에 사라져 간
어린 순박한 人生
살고져 몸부림한 젊음의 고통
끝내 별 찾아간 青春
차라리
오지나 말 것을...

사랑의 아픔

마음 빈 구석에 눈물이 고였다.
슬픔이 가슴, 가슴들을 얽어매었다.
핏길들이 역류하듯
머리가 무거워지고 달아올랐다.
눈앞이 온통 노오란 연기 속으로 잠겼다.
다리가 지탱을 못하고 떨려왔다.
참았다.

그녀의 아픔만큼이나
나는 참아 주어야만 했다.
이대로 쓰러지면
영원히 끝이라고 생각했다.

슬픔만큼 사랑도 깊었다.
그래서
그래서 사랑만큼 슬픔도 참아야 했다.
그녀 아픔만큼
슬픔을 참아야 했다.

텅 빈 마음속으로
봄 아지랑이는 바람에 안긴다.
긴머리를 날리며
그녀 멀어진 그 순간조차도
봄 아지랑이는 바람에 안겼다.

잊기 위해서

잊기 위해서
나는 밤마다
그대를 생각했소.
그대를 생각하는 것이
죄가 된다면
나는
그대를 잊을 수 없으리라...

작은 소리

다만
나를 슬퍼해 줄 사람이면
이 작은 소리를
남기고 싶소.
모두
안녕이라고.

다만
나를 사랑해 줄 사람이면
이 작은 소리를
남기고 싶소.
모두
사랑한다고.

다만
나를 기억해 줄 사람이면
이 작은 소리를
남기고 싶소.
모두
보고 싶다고.

빗방울

창가에 스치운 빗방울의 두드림에
새벽잠을 깨운다.
채 꺼지지 않은
건넛방의 불빛이 빗방울을 살아 낸다.
도로위에 깔리는 빗줄기의 긴 여운.
의식없는 눈동자를 창가로 보낸다.
보이진 않지만 느낄 수 있는
빗소리를 마시고 싶다.
체온 있는 내 볼을 적시어도 주련만
저만치에서 들을 수 있는 존재일 뿐이다.
아직은
꺼지지 않은 불빛에
빗줄기의 숨을 들을 수 있다.
어스름한 그림자가 몇 개 비추어도
비켜 가는 모습만이구나.
아침이 오기까진 아직 많이 남았는데
보이진 않고 느낄 수만 있는 존재
채 꺼지지 않은 불빛이
빗방울을 살아 낸다.

경아

외로운 항해를
나 홀로 가고 싶지 않다오.
나를 부축할
동반자가 필요하다오.

이제는 영영 오지 않을
긴 항해를 위해
마도로스의
향내음을 맡으며

뱃고동이
사라질 때 까지
그대와 나는 항상
같이 있을 것이라오.

노을 기차

노을이 내려앉은 기차길따라
도시를 벗어나
가을속으로 들어갑니다.

어둠이 오는
산모퉁이를 지나면
구절초 향기가 한웅큼 날 듯한데

멀리 외로운
불빛 하나만이
설닢 가을밤을 밝히고 있습니다....

당신

오랜만에 하늘을 봅니다.
오래전에 있었던
뭉개 구름, 여우구름을 찾아봅니다.
당신이 없는 시간에
당신과 함께 보았던
구름을 찾아보면서
당신의 얼굴을 떠올립니다.

아련한 저 구름사이로
피어오를 것만 같은
먼 시간이 서쪽 하늘로 점점
사라지고 있습니다.

화산문고 시집시리즈

「사랑살이」

2015년 1월 5일 印刷

2015년 1월 10일 發行

지은이 정 용 갑

펴낸이 허 만 일

펴낸곳 화산문화

등록 1994년 12월 18일 제 2-180호

주소 서울시 종로구 통인동 6번지 효자상가 2층

전화 (02)736-7411~2

ISBN 9-788993-910384

정가 10,000원